Querido Teófilo

Rafael Javier Pérez Pallarés
Francisco Quintero González

© 2024, Rafael Pérez Pallarés, Francisco Quintero

© 2024, PPC, editorial y distribuidora, S.A.
  Impresores, 2
  Parque Empresarial Prado del Espino
  28660 Boadilla del Monte (Madrid)
  ppcedit@ppc-editorial.com
  www.ppc-editorial.es

ISBN: 978-84-288-4103-0

Depósito legal: M-2881-2024

Impreso en la UE / *Printed in EU*

"Mientras la sombra pasa de un santo amor,
hoy quiero poner un dulce salmo sobre mi viejo atril".
Preludio. Antonio Machado

"Yo no soy un hombre ni un poeta ni una hoja,
pero sí un pulso herido que sonda las cosas del otro lado".
Poema doble del lago Edem, Poeta en Nueva York.
Federico García Lorca

TEÓFILO. EL NOMBRE

Su nombre, de procedencia griega, Θεόφιλος (amigo de Dios), aparece desde el siglo III a. C. Fue utilizado frecuente e indistintamente por griegos y judíos. Teófilo, podría referirse a todos los amigos de Dios.

Teófilo es el destinatario de dos importantes libros de la misma autoría: el Evangelio según san Lucas y los Hechos de los Apóstoles. A él van dirigidas las dos dedicatorias con que el autor, Lucas, el médico, abre cada uno de sus libros.

La primera contiene un dato que podría apuntar a un destinatario informado y formado:

"... para que compruebes la solidez de las enseñanzas
con que has sido instruido" (Lc 1,4).

La segunda señalaría a alguien con quien el autor mantuvo una relación de amistad y confianza:

"En mi primer libro, querido Teófilo...," (Hch 1,1).

El nombre de Teófilo aparece en los textos en vocativo y precedido de la interjección ὦ (ὦ Θεόφιλε), algo que en el griego helenístico solía omitirse. Esto expresaría el afecto con que Lucas se dirige al amigo. De ahí la acertada traducción: "Querido Teófilo" que recuperamos en nuestro libro.

Con cariño, los autores.

AL SUFRIDO LECTOR

¡Hola!

Estás ante un libro que confiamos te guste. Del que aprendas. Con el que interactúes, si tienes a bien, aportando tu particular respuesta. Porque estás ante un libro abierto, abierto a tu pensamiento, a tu forma de entender la vida. Nada hay más bello que caminar juntos en esta aventura del conocimiento que vamos a tratar.

Hemos elegido algunos temas como podrían haber sido otros. Sabemos que hay muchos que se han quedado en el tintero, pero también somos conscientes de que lo escogido es porque nos preocupa y nos ocupa.

Es importante escucharnos en asuntos vitales, aprender juntos, descubrir nuevas perspectivas. El hecho de que dos personas con diversas trayectorias, enfoques y perspectivas, también de fe, se unan para escribir, de entrada, es una riqueza. Así lo hemos entendido y así lo hemos vivido en el proceso de creación de la obra a la que hemos titulado Querido Teófilo, querido amigo de Dios. Ambos somos amigos de Dios, por tanto, nos dirigimos así en la correspondencia, sin distinción.

Somos conscientes de que formamos parte de la fraternidad universal, somos hermanos, somos amigos; que no íntimos, que no parte de un mismo colectivo ni comunidad. Pero sí compartimos un mismo corazón y un mismo anhelo: el del respeto mutuo y el del amor por la verdad y la libertad.

Confiamos que la obra te aporte algo, al menos la certeza de que hay quienes como tú seguimos empeñados en el diálogo entre la fe y la cultura; en el encuentro y el respeto.

LAS CARTAS

Recordarás cuando enviábamos cartas. No somos tan viejos. Las cartas han poblado la historia. Por ejemplo, las cartas de las madrinas de guerra; eran sinónimo de la hora del descanso en la contienda: aquellas misivas iban creando una atmósfera de esperanza. El soldado en el reverso del sobre escribía el número de la carta que envía a su madrina de guerra.

No estás ante unas cartas de madrina de guerra; pero sí ante treinta y dos textos en una suerte de correspondencia necesaria en estos tiempos que corren. La contienda tiene otras características, más sutiles, pero no por ello menos arriesgada.

Escribía el escritor y filósofo francés Jean François Revel que "un grupo humano se transforma en multitud manipulable cuando se vuelve sensible a la sugestión y no al razonamiento". Pues eso. Conviene recurrir al antídoto de siempre: al diálogo sincero; desde lo que somos y desde donde estamos.

Los autores de estas cartas somos personas reales situadas, en no pocos aspectos, en las antípodas vitales, ideológicas y de fe, pero no por ello renunciamos a la búsqueda del entendimiento y la concordia. Que no es otra empresa que la búsqueda incansable de la unión de corazones desde la razón o viceversa.

Encontrarás en esta obra una carta, con un tema elegido por uno de los autores y su correspondiente respuesta; a la manera del epistolario clásico. Y otra carta con otro tema, elegido por el otro autor y su correspondiente respuesta.

Confiamos que te ayude a pensar y si te animas a escribir también.

SANTIDAD

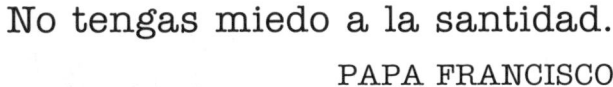

No tengas miedo a la santidad.
PAPA FRANCISCO

Querido Teófilo:

Si cierro los ojos y musito la palabra santidad la imagen de mi madre lo ocupa todo. Lejos de caer en la obviedad de que mi madre es santa, o cualquiera de las nuestras lo es por el hecho y la naturaleza de ser madres, seres divinos y celestiales que nos acompañan en devoción cada segundo, cada instante. La vida debe entenderse como santa en cualquiera de las miradas de una madre. Podría decirse que la santidad también es madre, querido Teófilo.

Más allá de lo emotivo de vincular santidad a mi madre, hay otras muchas razones por las que detenerse en este concepto. Al escribirte, Teófilo, no puedo negar que pienso en las acepciones religiosas del término. Y no me duelen prendas de aceptar que muchas de esas definiciones tienen que ver con lo que en el imaginario colectivo entendemos por santidad.

Lo santo es bueno, es muy bueno. Se detiene en lo que todos reconocemos como bondad. Y aquí quiero pararme porque esas santidades las veo en muchos lugares, a veces alejados de los púlpitos o de los altares. No hay que hacer un ejercicio muy destacado para hallar todas esas formas que digo de la santidad. La abuela que cuida de sus nietos sin respiro, el cuidador de enfermos, quien vigila que las aguas de nuestros mares estén limpias, quien protege desde el subsuelo la seguridad de una ciudad, quien mima las tripas de los aviones antes de que despeguen, quien consuela al desconocido herido, quien auxilia al vecino... Y así un etcétera de etcéteras que nos lleva a la santidad, querido Teófilo. Querido Teófilo, a ti tengo que hablarte poco de santidad, la conoces en primera persona y de mi primera mano. Pero también estoy convencido de que la reconoces en otros muchos lugares y personas día a día en tus rutinas. En esa santidad quiero detenerme, porque es menos notoria y, en ocasiones, más necesaria por inesperada.

Permíteme lo jocoso para proponerte que hagamos un listado común de las características que debe tener cualquier asunto o tema para que se acerque a la santidad de la que hablamos. Aunque parezca una broma, es serio el planteamiento que te hago; a veces, tengo dudas entre el buenismo o la santidad de algunas cosas. Más allá, por supuesto, de los conceptos teóricos del derecho canónico (no es este lugar, ni esta misiva lo apropiado para sacar ese tema tan docto).

Espero tu respuesta. Un abrazo, Francisco.

Estimado amigo:

Esto de los santos es un tema muy interesante. Me llama la atención que te haya interesado hablar de ellos. Esto de la santidad en las últimas décadas ha tomado un giro prometedor; se ha impulsado una gran diversidad de perfiles y, sobre todo, se está mostrando que la santidad es para todos; nadie está excluido de vivir en plenitud.

Los santos son modelos de vida cristiana, te dediques a lo que te dediques. Una santidad que es respuesta a la voluntad y al sueño de Dios sobre la humanidad. Esto de la santidad tiene su punto; hasta lo cantaba Alaska ("quiero ser santa, beata"), lo recordarás de la movida madrileña.

Vivir en santidad es un movimiento vital aparentemente desgarrador porque te abandonas a la sorpresa, al *Kairós*, al tiempo de Dios. Y eso inicialmente puede ser desconcertante para propios y extraños. Imagino que estarás de acuerdo conmigo en que no se puede ser buen cristiano si eres mala persona. Y hay gente que es más mala que un dolor, que, sinceramente, o no se enteran o no quieren enterarse de que la vida son dos días y deberíamos vivir bien, ayudándonos, respetándonos, comprendiéndonos.

Los santos son buenas personas que, además, son ejemplo de vida. Han aportado mucho a la humanidad, aunque se dé la paradoja de que muchos han sido asesinados. Pienso ahora en Óscar A. Romero. La santidad, como la verdad, no se soporta; es incómoda. Por eso, en la historia del cristianismo hay muchos santos que han sido asesinados. Algunos, incluso, solo por el mero hecho de serlo. Como los 21 cristianos coptos decapitados por el DAESH en una playa de la ciudad de Sirte, en Libia. Prefirieron ser fieles a Cristo, con todo lo que significa, antes que renunciar a su fe. Otros es verdad que murieron en su cama o en hospitales; que de todo hay. Cada época tiene sus luces y sombras, pero todas tienen necesidad de santos.

Esta crisis mundial, decía san Josemaría Escrivá de Balaguer, es una crisis de santos. Querido Teófilo, la santidad no es algo inalcanzable; es la vida vivida en plenitud. Y seguro que conoces a algún santo o santa. Dice el papa Francisco que existen los santos en zapatillas, los santos de almacén. Una expresión para indicar que hay mucha gente anónima santa que ha vivido desde el amor.

Recibe un fuerte abrazo, Rafa.

CRUZ

La cruz nos hace hermanos.

PAPA FRANCISCO

Querido Teófilo:

En nuestra ciudad hay una tienda de camisetas muy chula. Cambié allí unas camisetas porque la talla no era la mía y entablé una conversación con la dependienta, a la que le dije que era cura. Me respondió: "Ah claro, por eso llevas la cruz".

La cruz que llevo es de madera, pequeña y sencilla; me acompaña desde mi adolescencia. La cruz que pende de muchos lugares, también de orejas u ombligos, tiene más o menos carga simbólica dependiendo del tipo de cruz, de quien la lleve o de cómo la lleve. La cruz que llevo debe tener fuerza, no suele dejar indiferente. Y mira que es sencilla, básica. La cajera del supermercado que está cerca de mi casa me preguntaba con frecuencia por la cruz; yo no acertaba a entender por qué lo hacía. Un día me dijo: "Tiene mucha energía esa cruz". Más allá de la fuerza y significado que tenga la cruz identifica, abre a conversaciones profundas, sinceras, teológicas; honestas, interesantes.

Lo sabes de sobra, Teófilo, la gente busca verdad, también en las conversaciones; a través de la cruz, incluso. Me ocurrió con una profesora de Colombia, católica practicante, también a raíz de la cruz de madera, me dijo: "Ya tendré oportunidad de hacerle varias preguntas de Dios, de la vida". Y es que es tan importante reflexionar sobre la vida; sobre Dios... De la mano también de la cruz. A veces aparcamos la reflexión, las conversaciones sobre la vida, el sufrimiento, sobre su sentido; sobre la fe, el dolor o sobre Dios porque parece que no interesan. Pero te digo una cosa: la vida importa. Y Dios también. Es posible que lo hagas, pero no estaría de más, querido Teófilo, que conversaras más sobre Dios, sobre la fe, sobre el Evangelio; sobre el sentido redentor de la cruz. Sobre las vidas y las esperanzas. Quizá descubramos que la vorágine que vivimos podemos vivirla de otra manera.

Te digo una cosa, la cruz, que en los inicios del cristianismo fue escándalo para los gentiles, hoy también lo es. No se entiende, tampoco entre muchos bautizados o bautizadas, que un hombre asesinado en el patíbulo de la cruz muriese por amor. Y que esa muerte fuera salvadora, redentora. Todo un misterio; otro misterio más para sumar a los misterios de la vida y que pueblan, al menos algunos, este epistolario. No tengamos miedo a afrontar el misterio, Teófilo. Tampoco el de la cruz.

Un saludo de tu amigo, Rafa.

Querido amigo:

Me gustan mucho tus palabras y la correlación de imágenes y personas que me cuentas a través de ellas. Así es la cruz, como dices al final de tu misiva, puede dar miedo a algunas personas. Miedo al reconocimiento de lo que se dice, se hace y se camina. Es un gran símbolo y como tal tiene como objetivo mostrar mucho más allá de lo que es en sí mismo. Eso puede dar mucho miedo. Pero también es generoso, útil y, sobre todo, distintivo de lo que somos y de dónde somos.

La cruz, como tú mismo dices, nos sirve para reflexionar y hallarnos más cerca entre personas, gracias también a otro valor más del símbolo de la cruz. Es bueno recordarnos siempre que la vida tiene muchas cruces, algunas de madera otras de plata o de oro, pero cruces. Cada cual la vive de una manera, a veces hasta con una estoica sonrisa. Como ves, querido amigo, me llevas a reflexionar de nuevo con esta carta en la que la cruz es la protagonista de tus palabras. Siempre son tan bien venidas porque me hacen parar y saber, aún más, dónde y con quién estoy y soy.

En este ejercicio de la vida también se encuentran nuevas conversaciones a través de estas misivas. Me hacen sentir muy vivo tus palabras y, con esta hondura sobre la cruz, más aún. Todos llevamos, como se suele decir, "alguna cruz a cuestas" por el gran peso de responsabilidades, durezas del alma o abatimientos por el devenir de los acontecimientos. Buscar la recompensa de ese sacrificio mueve a muchos a moverse en ese calvario, ese mismo camino de salvación que fue ejemplo para tantos.

Quedo siempre a la espera de tu nueva carta querido amigo.

Un fuerte abrazo, Francisco.

CULTURA

Cultura del enfrentamiento, no;
cultura del encuentro, sí.

PAPA FRANCISCO

Querido Teófilo:

A estas alturas de tantas cosas me paro a hablar de algo que, a priori, puede ser más que complicado definir: la cultura. Una definición en sí misma constriñe o limita para precisar el concepto. Sin embargo, la cultura es precisamente todo lo contrario: es un todo tan infinito que resulta harto complicado enmarcarla en una definición. No hay manera de sentirme más cerca de un término que todo lo ocupe y que sea tan inabarcable. Cultura es cómo hablamos, cómo escribimos, cómo nos alimentamos, cómo nos relacionamos, cómo nos saludamos, cómo imaginamos y, sobre todo, cómo vivimos en sociedad.

La cultura es una llave mágica que abre todas las cerraduras, también la de las creencias. Creer desde el conocimiento de todos esos aspectos etnográficos que tantas respuestas nos dan hace más fuerte nuestra fe.

Aunque a todos nos viene a la cabeza cuando hablamos de cultura algún escritor, libro, músico, disco o un cuadro maravilloso de nuestro pintor o pinacoteca favorita, la verdad es que cuando quise escribirte estas palabras, querido Teófilo, sobre la cultura no pensaba en nada ni nadie en particular, quería conocer qué piensas de la cultura como concepto y sus necesidades imprescindibles para dotar de dignidad todos los lados, aristas o vértices del prisma que conforma la cultura.

Mi pasión por la cultura no puede ser ejemplo para nadie, pero sí quiero que sea un espejo. En ella he encontrado tantas respuestas a tantas preguntas que no dejo de impacientarme, una y otra vez, delante de ese espejo para que otras personas hallen muchas respuestas como yo he encontrado. Es obligación de todos que necesitemos más espejos donde la cultura refleje tan ingente creatividad que nos rodea por doquier. La libertad del arte, ese conocimiento tan estimado que todo lo envuelve, nos hace mejores personas, especialmente ahora. La cultura también nos ha traído hasta aquí en todo lo que nuestra idiosincrasia religiosa aporta y nutre en nuestra sociedad.

Abrazos fuertes, amigo. Como siempre quedo a la espera de tu nueva misiva, que tanta ilusión me hace siempre recibir. Francisco.

Querido amigo:

¡Qué importante es la cultura! Y qué necesario reflexionar sobre ella. Marca un antes y un después en el crecimiento personal. También como humanidad. Observa cómo los totalitarismos lo primero que hacen es borrar el rastro plural de la cultura para imponer su particular folclore. Lo sabes de sobra: a más cultura más libertad y más plenitud. Fíjate, comenzamos nuestras misivas hablando cada uno a su manera de lo que entendíamos por santidad, por plenitud. Pues mira lo que te digo: sin cultura no hay santidad. Sí, porque la plenitud está vinculada estrechamente al conocimiento, tanto de Dios como del ser humano. Y el cultivo de la cultura nos enseña los entresijos de la humanidad y, por extensión, abre a la trascendencia, a lo inabarcable, a la plenitud. Sin moralinas castrantes, sin espacios de censura, sin ámbitos abiertos a la sospecha.

De la mano de la cultura podemos llegar a creer, y a crear, que es posible un mundo nuevo, una tierra nueva donde crezcamos como humanidad en una sociedad tan polarizada, tan estrecha, tan ridícula como la que a veces toca vivir. Sí, porque con todos los años que llevamos caminando como humanos, parece que no aprendemos. Quizá en esto, tanto las ideologías como el negocio, han hecho mucho daño al mundo de la cultura. Porque tanto las ideas como el dinero pueden llegar a ser los peores censores, maquillados de ética y beneficio; incluso pretendiendo ser aliados de la religión, atan el espíritu. Por eso me parece tan importante ser libre, estar vinculados a la verdad, abiertos al misterio. Especialmente cautivados por la aventura del conocimiento cultural que nos abre a la vida; también a la eterna, que sinceramente creo que existe.

Un abrazo, Rafa.

RECONCILIACIÓN

Reconciliarse es abrir una puerta a todas.

PAPA FRANCISCO

Querido Teófilo:

Ayer fui testigo de una reconciliación. No te hablo de una confesión sacramental, que las hay. Por cierto, emocionan, son entrañables, tiernas y duras; de hecho, que alguien abra su corazón es algo sagrado. Te hablo de otra, tan profunda como sencilla, tan bonita como reconocible. Un tipo quiso pedir perdón a su pareja, algo habría hecho, y lo hizo dándole en público un ramo de flores. A punto estuvo ella de descubrirlo; el cura le sirvió de coartada, pude resguardar las flores para que ella no las descubriera. Finalmente recibió el ramo con beso en los labios incluido. ¿Sabes lo que te digo? Esa pareja se quiere. Lo llevan escrito en la cara. Y aplaudo al chico que le dio la sorpresa. Supone también cierta humillación, aunque sea un gesto bello, bonito, sincero. Eso es la vida.

A veces hay que reconocer los errores y pedir perdón. Con un susurro, mimando detalles, buscando amores. El perdón nos hace grandes, enternece y sincera. Siempre que sea verdad y no palabras al viento..., que de todo hay.

Teófilo, de sobra lo sabes, la vida no es sencilla y a veces se enreda después de cada intento. Sin embargo, es bueno recordar que el perdón es algo genuinamente humano. Y eso nos hace grandes y nos reconcilia con la vida y las almas. Querido Teófilo, amar nos hace grandes y el perdón está íntimamente unido al amor. O al respeto, como mínimo.

La vida y sus misterios aguarda a que demos el paso de la reconciliación, del perdón; aquello que aguarda la poesía. Es curioso porque perdonar es hoy una de las grandes palabras: "hay que perdonar", "no tiene perdón", "es imperdonable", "que Dios te lo perdone porque yo no"... Sin embargo, a veces me da la sensación de que se perdona poquito. Todo un reto que guarda un secreto incluso en la misma palabra. Porque si separamos el vocablo perdonar, aparece la palabra donar; per-donar. El perdón es don, algo que se da verdaderamente, que se otorga desde un alma a otra. Con flores o sin ellas, con beso o sin él, pero siempre desde un corazón libre.

Un fuerte abrazo, Rafa.

Querido amigo:

Leo tu carta sobre la reconciliación y, de repente, vuelve a mi cabeza la capacidad de reconciliación conmigo mismo, que tantas veces me persigue sobre muchas cuestiones. Muchas de esas mismas acepciones tienen mucho que ver con palabras de las que hablamos en nuestras cartas como verdad o esperanza, entre otras. A veces, soy mi peor juez; justiciero de términos que todo lo condenan en la exigencia de parámetros que huyen del concepto humano. Hay que tener paciencia con uno mismo y, a veces, reconciliarse frente al espejo propio y ajeno. La inmediatez como enfermedad temporal de esta sociedad actual nos arrincona en la exigencia meritoria infinita de alcanzar muchas y exitosas metas. Estas, en ocasiones, las confundimos con materiales, pero muchas navegan en la profundidad de cómo somos y cómo deseamos ser o estar.

No es fácil lo que digo, y menos aún expresarlo para encajar con la rigurosidad que se merece la grandeza de la reconciliación. Pero sí quiero dividir ese concepto entre la reconciliación con uno mismo y con los demás, y con hechos.

Creo, querido amigo, que no aceptar la reconciliación con uno mismo no favorece la calma en el espíritu. Muchas veces me hablo a mí mismo sobre esto, y cuando oro, en mi silencio, necesito perdonarme también. Dejémosle un poco de espacio a esa reconciliación de la que, en numerosas ocasiones, nos olvidamos atrapados en rígidas vallas de constricción creativa, amorosa, sensorial... Pero, sin duda, me quedo con tus bellas palabras del perdón a otros, y la necesidad de perdonarse con holgura y dejar de "perdonarnos poquito" como dices con tanta elegancia epatante.

Recibe un fuerte abrazo, como siempre agradecido a todo lo que me escribes, y por tantas puertas que me haces abrir en la meditación de lo que somos y sentimos.

Tu amigo, Francisco.

RACISMO

El racismo es un virus
que, en vez de desaparecer, se esconde.

PAPA FRANCISCO

Querido Teófilo:

Es probable que tengamos la necesidad, desde el amor o la empatía, de entender siempre el sufrimiento ajeno. Pero te hablo desde la experiencia. Aquella persona que no lo es, nunca puede entender completamente el dolor que se causa en aquella que sí lo es. Esto, que puede parecer una obviedad, cuesta mucho entenderlo. Si no eres una persona negra no puedes definir con exactitud la infamia del racismo. Yo, como persona blanca, por mucho que quiera explicar, reivindicar, denunciar o posicionarme desde la bonhomía sobre el racismo como una lacra, no podré hacerlo nunca con la precisión de la persona negra.

Muchos creemos que no somos racistas, pero de una manera institucionalizada y, además, en una suerte de costumbres dialécticas y de maneras nos dejamos atrapar por esas conceptualizaciones del racismo. Hay que hacer un ejercicio de intencionalidad para detenernos y huir de todas esas manifestaciones que faltan al respeto a millones de personas. Los que causan el dolor no pueden ser la causa y la solución. La solución y la compensación deben proponerlas desde la justicia y la equidad las personas que sufren zaheridas.

Dicho esto, querido Teófilo, que pudiera entenderse como una perogrullada, aunque es evidente que no lo es, la alianza entre personas que son ofendidas y aquellas otras que no lo son y no pretenden ofender, se hace más necesaria que nunca. Lo más importante es no propiciar dolor y superar el sufrimiento con manos tendidas y reparadoras de todo lo acaecido.

Ni el buenismo ni cualquiera de sus manifestaciones en el día a día se merecen otras maneras que no sean las del respeto a la persona. Creemos en lo que nos da luz, y lo misericorde debe pasar por la justa reparación.

No quisiera volver a hablar de estos conceptos que tanto duelen, pero me temo que tendremos que convivir con ellos durante mucho tiempo. Será el tiempo y la propia conciencia humana quienes tengan que ponderar este bien frente a un mal y encontrar esta fórmula de Dios: el respeto entre personas. No creo, querido Teófilo, que Dios sienta más ajena esa humanidad, en la que sigue creyendo, que cuando se comporta con la vileza del racismo entre unos y otros, que son todos hijos del mismo Dios.

Quedo a la espera de tu respuesta. Un abrazo, Francisco.

Querido amigo:

Tuve la tentación de pensar con antelación la respuesta a lo que me escribirías al leer el tema que ibas a tratar. Hablando en confianza, tuve la tentación de creer saber lo qué te iba a decir antes de empezar a leerte. Pero aparte de ser una falta de respeto a tu pensamiento, por un momento me detuve y pensé que seguramente me aportarías perspectivas nuevas. Además las reglas del juego pasan por leernos para escucharnos, porque cada uno tiene una perspectiva, como cada persona que ha sentido el racismo en primera persona. Sí, porque, aunque todos seamos iguales en dignidad, no todos somos iguales.

Ya te he escrito en otro momento que todos somos como las hojas del olivo, similares pero distintas. El cielo cada día es diferente, las personas cada día somos distintas. Por tanto, la experiencia del racismo es complicado encajarla de manera homogénea. Son demasiados factores los que influyen en la lacra del racismo: personales, sociales, culturales, políticos, evolutivos, psicológicos, filosóficos, teológicos, económicos..., si me apuras, hasta cosméticos. Sí, porque la belleza determina nuestra relación con la realidad. Pero en todo esto hay una reflexión que no podemos obviar: todos compartimos origen y destino, nuestra igual dignidad como seres humanos y, desde la fe, todos somos hijos e hijas de Dios. Por tanto, todos somos hermanos.

Y más allá de la fe que tengamos, la fraternidad humana, que tanto bien ha inspirado a lo largo de la historia, debe afirmarse como determinante. Sin ir muy lejos, destacados líderes políticos, sociales y religiosos la defienden como clave para la solución a los millares de problemas que amenazan a la humanidad. Por ejemplo, el papa Francisco. Te recomiendo que le eches un vistazo a su pensamiento en esta materia.

Un abrazo, Rafa.

VERDAD

La verdad nos hace libres.

JESÚS DE NAZARET

Querido Teófilo:

Sabes de sobra que la vida la vivimos como podemos o nos dejan, que las mejores lecciones de la vida las ofrece la propia vida, y que nadie debería vivir mal. Creo que estarás de acuerdo conmigo. No me refiero a la vida de excesos que viven algunos, me refiero a la vida plena que todos estamos llamados a vivir. Sí, en el Evangelio, querido Teófilo, leemos que la Palabra ilumina a todo hombre y que el Espíritu de la verdad conduce e ilumina para que podamos llegar a entender la verdad completa. Todo un camino vital, un proceso de madurez existencial.

No nacemos sabiéndolo todo, también lo sabes. Aunque es cierto que los rudimentos y la educación recibida determinan caminos. Quizá en esto que hemos convenido en llamar existir, debamos recordar la fuerza del aleteo de las mariposas. Hay un dicho chino que dice: "el leve aleteo de las alas de una mariposa se puede sentir al otro lado del planeta".

Con la vida transformada desde y por la verdad pasa eso: se generan como bisagras de aire; es cuando diablos y diablesas se van por el sumidero de la alcantarilla. Hablamos de permanentes bocanadas de aire puro. Permíteme que me ponga vulgar, de puto aire fresco; sí, de ese que necesitamos urgentemente para no asfixiarnos. De ese que no sabemos de dónde viene y a dónde va, pero que sabe a verdad. Teófilo, la verdad no es palabra bonita, bella o simbólica; es vocablo cargado de contenido que remite a una de las experiencias más grandes que puede y debe vivir un ser humano.

Vivir en la verdad supone vivir en libertad y desde el amor. Para que eso se dé probablemente haya que transitar por caminos de madurez asociados a la crisis personal y espiritual. Imagino que lo has vivido: para ir por ahí, por senderos de verdad, hay que dejarse llevar. Sí, porque si vivimos agarrados a algo o alguien por miedo, probablemente no crezcamos. De todas formas, la vida y sus tormentas ya se encargarán de que no puedas y debas permanecer permanentemente instalado en los designios de la noche. Teófilo, no seas infiel a tu vocación, a tu llamada a la felicidad, a tu verdad íntima. Deja que todo vaya encajando, pero desde el desapego, la sencillez y el encuentro con la Presencia. Que la vida a cada uno lo pone en su sitio y el tuyo seguro que es en la verdad liberadora, esa que te permitirá conocerte y vivir en plenitud.

Un saludo afectuoso, Rafa.

Querido amigo:

Recibí tu carta y empecé a buscar este texto sobre la verdad que escribí hace años y al que siempre recurro. Parece que cada día recobra más vida o más verdad en su caso. Quiero enviártelo para que lo conserves. Lo releo cada vez que me acuerdo y me ha dado variadas explicaciones sobre muchos asuntos en los que he tenido que pararme a meditar.

Mi texto sobre la verdad dice así:

¿Verdad que las ausencias, las aves de la memoria siempre son eternas? ¿Verdad que nuestras manos aplauden la vida como golondrinas cuando despereza el día? ¿Hay verdad en el muro que asfixia las calles por donde nuestras sombras caminan? ¿Verdad que los eneros sienten el verano más cerca? Verdad es cuando la música cae rendida a tus pies. Verdad cuando el clamor de tus ojos sentencia tus labios al silencio. Verdad si el frío de tu divinidad hace infinita la espera. Verdad si la leyenda de la muerte no es más que ruido. Verdad cuando el hermano es hermano. Es verdad cuando la psicología de la destrucción no es más que teatro. Verdad cuando la media es un rito en el que escudarse. Verdad de un retorno, del renacer del principio de las cosas. Verdad allí donde la infancia es la princesa de la semana. Verdad inundada de aristas que cortan la fina piel de las memorias, de esas memorias que nadie termina comprendiendo. Verdad inutilizada, amedrentada y asesinada en la plaza de los ajusticiados. Verdad comprada, alquilada y pagada con los afamados maravedíes de oro. Verdad reconocida en la sensatez, reconocida en un abrazo de hiel.

Es una gran oración en mi día a día. A veces la realidad me hace ser consciente de que no se cumple, de que no vivo esa verdad, pero igualmente, se convierte en un acicate para estar más cercano a todo lo que yo entiendo por verdad.

Recibe un fuerte abrazo, Francisco.

MIEDOS

El miedo puede ser una alarma:
cuidado que hay peligro;
también puede ser un compañero
del sentido común que te hace ver
la dimensión de las cosas.

PAPA FRANCISCO

Querido Teófilo:

"No quiero perder la maravilla de tus ojos", escribía Federico García Lorca en uno de sus versos de los *Sonetos del amor oscuro*. Pues eso, no quiero perder: tengo miedo.

Amigo Teófilo, tengo mucho miedo. El miedo es algo natural, y también va de la mano de la propia valentía. Nadie sería valiente si no hubiera conocido el miedo en alguna de sus versiones. Miedo a lo desconocido, miedo a las consecuencias, miedo a la inacción, miedo a la fe, miedo al compromiso... Muchos miedos y apellidos. Todo está repleto de miedo.

Confiar es una buena manera de entender el amor y la valentía que conlleva. Amar lleva aparejado obviar al miedo. No sé si estarás de acuerdo conmigo, pero el miedo nos atrapa y bloquea de tal forma que cuanto más complejas son las sociedades y los tiempos más campa a sus anchas. Paradójicamente, lo necesitamos para avanzar o crecer como un estímulo más que nos encontramos. Pero, igualmente puede ser un muro infranqueable sujeto a presiones de mucha carga que no deje respirar a las almas. Tengo cerca muchas personas que no confían en sí mismas, que no creen en el paisaje que se ve desde sus atalayas porque el miedo las atrapa y las envuelve hasta que solo lo ven a él.

El miedo no conoce género, ni orientación sexual, ni edad que permita separar a la persona en categorizaciones, pero que ayudan a entender cómo se desarrollan los hechos. En este caso, el miedo es omnipresente, goza de la ubicuidad tan deseada para otros miles de acepciones.

Amigo Teófilo, tengo miedo de este miedo y de tener miedo. Tal vez nombrarlo lo desenmascare, pero me temo que no será suficiente. Es una guerra fratricida la que a diario protagonizan la valentía y el miedo. Son hermanos, pero se cobran grandes momentos que no se viven, gigantes amores que se disuelven como azucarillos en el agua, mentes aniquiladas por la presión de miedos propios y ajenos, corazones que dejan de latir arrugados por puños asfixiantes.

Teófilo, tenemos que hablar más veces del miedo. No sé hallar fórmula posible que me permita mitigarlo, desenmascararlo o desdibujarlo. Sé que tiene que ser y estar, pero el relato podría ser menos duro. Con miedo espero al miedo siempre. No creo que me pueda librar de él, aunque aún siento que le he sacado más provecho que a otros sentimientos; también es cierto que muchas personas viven ateridas de miedo.

Recibe un fuerte abrazo, Francisco.

Querido amigo:

¡Qué bien escribes sobre el miedo! Con lo feo que es. Es verdad, como dices, tenemos que hablar más veces del miedo. De hecho, aunque no hablemos de él, sí lo expresamos. Y eso es significativo. El miedo está presente en la vida, en caras desencajadas, en la ansiedad, en el insomnio; con particulares tics, inquietudes o recelos... Cobra tantas maneras enmascaradas y fantasmales el miedo...

Pero mira, cuando te leía, tanto antes de empezar y saber de qué me ibas a escribir como después, pensaba en Jesús de Nazaret. Permanentemente. Con frecuencia, sobre todo, ya resucitado, decía a sus amigos que no tuvieran miedo. Y daba un motivo, afirmaba que había vencido al mundo. En el contexto del Evangelio de Juan el mundo es sinónimo de corrupción. Cristo, por tanto, con su resurrección habría vencido lo corruptible. Es la potencia transformadora del amor. Y, con su presencia viva, Cristo garantiza que todo saldrá bien. Por tanto, desde la fe cristiana, sabemos que él nos conduce, nos ayuda e ilumina. Y desde el amor, sabemos que pisamos transformada la realidad.

Pero claro, también entiendo tus legítimos miedos. Y, sobre todo, si la fe se tambalea o no existe, la pregunta surge: ¿dónde nos agarramos? Teófilo: creo que los miedos nos indican el camino a seguir, que no hay que tener miedo al miedo. Y, consecuentemente, a afrontarlo. Todos tenemos un fondo incandescente que nos indica con seguridad, si somos fieles a nuestra conciencia, los caminos que transitar. Eso es algo que poco a poco se aprende con el paso de la edad y la madurez que da los años y la experiencia espiritual. Y, a veces, nos acompaña hasta la hora de nuestra muerte, a la que espero lleguemos sin miedos, porque sepamos qué seremos en el amor.

Un abrazo, Rafa.

ENFERMEDAD

La enfermedad siempre tiene un rostro.

PAPA FRANCISCO

Querido Teófilo:

Tenía un amigo con el que el otro día fumé un cigarro furtivo. Estaba gravemente enfermo. No debería haber fumado, pero le supo a gloria. Preámbulo del estado en que, gracias a la misericordia de Dios, ya está viviendo. Aunque me advirtió, mientras exhalaba el humo, que no sabemos quién se iba a ir primero. Las previsiones se cumplieron. Falleció antes. Es verdad que teniendo una enfermedad grave llevaba muchas papeletas para alcanzar pronto la vida eterna. Pero también es cierto que nadie, a ciencia cierta, sabe, salvo que lo programe, cuándo va morir.

Me gusta mucho una expresión de otro amigo: "La vida es un regalo de Dios y minuto que se escapa, minuto que no vuelve". Me gusta porque mi amigo reconoce la vida como un regalo divino, porque reconoce que es efímera, y anima a vivirla como don de Dios. Hace unos días le pregunté si no pensaba en pedir la eutanasia, me dijo que no: la vida la da Dios y se acaba cuando Él quiere. Me agradó mucho escuchar la serenidad y firmeza con que la defendía, teniendo en cuenta que no está en su mejor momento y que empeorará acompañado de un sufrimiento que no se lo desea a nadie: ya no tiene pelo, los dientes se le están cayendo, se cansa mucho..., en fin, las consecuencias del tratamiento contra el cáncer. Sin embargo, ayer quedamos y vino andando a donde nos habíamos citado. ¿Has pensado que el mero hecho de desplazarte al cuarto de baño, a un lugar de cita, a una iglesia, ya es un regalo de la vida? ¡Cuántas personas no pueden hacerlo!

Por eso, querido Teófilo, no creo que sea justo estar quejándose de todo. Me parece impúdico e irrespetuoso con lo que viven los demás. Hay gentes que parece que tienen que estar a la cabeza de enfermedades, dolores y penurias. Hay gentes que parece que hacen oposiciones a protagonizar un drama. Y lo peor es que lo consiguen: terminan creyéndoselo y afectándoles lo que dicen; también a nivel emocional. Cuando en realidad lo que a lo mejor solo les pasa es que necesitan cierta atención o cariño. Porque comparado con personas que están viviendo una enfermedad terminal, que han perdido a un hijo pequeño o que llevan en cama años, es desproporcional la llamada de atención que hacen.

Aunque también es verdad que para cada uno lo suyo es lo importante. Quizá por eso debamos comprendernos todos. Y cuidarnos. Hay gentes que, en el colmo del despropósito, en vez de ayudar hacen mucho daño. En fin, cosas mías. Te dejo, que van a dar las cinco. Rafa.

Querido amigo:

Cuanto siento lo enferma que se encontraba esa persona que me cuentas en la carta. El cigarro es ese instante que te recuerda el placer de la paz, a sabiendas de que le vaya mal a su salud. Esa tranquilidad es la esperanza de otro momento superando esa enfermedad. La metáfora de la vida puede ser de la otra vida, la esperada.

Tienes razón en que la queja por todo no es el mejor camino para nada. Sin embargo, he de confesarte que ni yo mismo soy ajeno a la queja. Esta puede ser otra manera de crecer. Oírme en esa queja me aleja de ella en muchas ocasiones. Recuerdo, igual que tú, lo afortunado que soy por tantos otros dones regalados por la vida.

Hablando de dones, recuerdo un poema reciente que he escrito. Espero que te guste. Aprovecho estas líneas que te remito para enviártelo y pedirte que me des tu opinión sobre estos versos neófitos.

Tú.
Tú, ese infinito donde navegan
las mareas, donde la vida cabalga
en insondables alegrías, donde
nadie conoce a nadie en tus ojos. Tú,
la esfinge de oro hercúleo, maneras
de este u otro mundo, oración
de sana voz, de roca indeleble
en la brisa de un susurro. Tú,
amante de lo desconocido, serena
dulzura con la quietud, con el fulgor
de las batallas perdidas. Tú,
reclinatorio de la excelencia, cielo
azul de mi infinito. Tú, no habrá
otras manos que cincelen otra
sombra que la mía. Tú.
Recibe un fuerte abrazo, Francisco.

REDES
SOCIALES

La red digital puede ser
un lugar rico en humanidad:
no una red de cables,
sino de personas humanas.

PAPA FRANCISCO

Querido Teófilo:

Esos mundos, esos... donde parece que todo es pero luego no es. Escaparates *extra luxury* para jugar a ser dioses, portavoces de lo ajeno, espantapájaros de Dorothy y hombres de hojalata sin corazón físico. Amigo Teófilo, no sé si tienes redes sociales, yo al menos no te las he encontrado, pero seguro que sabes que son esos muros etéreos de conversación común donde todos se encuentran y muchos se pierden. No se trata de defenestrarlas porque tienen muchas ventajas y opciones más que positivas. Especialmente en temas audiovisuales, culturales, de interrelación global de comunidades, seguridad, derechos de la información y muchas más.

Pero, como en otras cosas, la vertiente humanista del asunto deja mucho que desear. El cesto de manzanas luce sano hasta que una de ellas es atravesada por el gusano contagioso... Llámalo como quieras: falta de respeto, impunidad, maldad, egoísmo... Allá donde aparece el concepto humano de las cosas, debemos darnos unas normas que, aunque saltándolas muy a menudo, permitan también en las redes sociales una convivencia sana de intereses que discrepen pero que no aniquilen como se arrasa el bosque en un incendio. Quizás sea otra quimera... Pero al menos es una quimera.

Amigo Teófilo, nos destacamos por ser filantrópicos, no sé si será una consecuencia de mi enfermizo optimismo, pero la misantropía es fruto de rabias concretas y localizadas en el tiempo, y seguro, nos dice la experiencia, que no solucionan la papeleta que nos toca vivir en pleno siglo XXI. Ya no es que se denueste a cualquier dios, creencia, o esencia moral en los ámbitos privados, es que nos encargamos de denostar a toda persona amparados en muros invisibles que llamamos redes sociales. Eso es lo más perverso que nos ha regalado esa línea directa entre manifestaciones personales en las redes sociales. Se lanza el bien, pero también el mal, y todos sabemos que es más noticia la muerte que la vida.

Preguntarnos, Teófilo, cómo enmendarlo puede ser objeto de una tesis más que de una de estas cartas que nos escribimos, pero sin duda necesaria para el planteamiento de posibles respuestas futuras, a lo que sucede. Las hipótesis puedo intuirlas, pero las conclusiones, las preveo insuficientes. Empeñémonos en usar las redes sociales con toda esa amalgama de funciones que las hacen tan útiles para tantas personas. Y obviemos esa herida hiriente del cuchillo afilado del odio que tanto se observa en esas lides.

Quedo a la espera de tu respuesta. Francisco

Querido amigo:

¡Qué temazo lo de las redes sociales! Tengo la sensación que, tanto lo bueno como lo malo vino para quedarse: expresar lo que pienso y siento; enseñar lo que vivo y recreo; discutir sobre lo que sé y lo que no...

Por otra parte también me da, que están capitalizadas por empresas, como de hecho hemos visto en estos años, igual que están, desaparecen. Se reconfiguran para mayor beneficio empresarial, político y social. Por eso tengo la tentación de recluirme sin redes sociales en otros paisajes menos virtuales. De hecho, quienes saben de esto, sugieren desconexión digital. Pero también sé que no es fácil y a veces dudo si conveniente.

No sé si lo recordarás, pero el asalto al Capitolio y la suspensión de la cuenta de Twitter de Donald Trump fue todo un símbolo del poder que pueden llegar a ejercer las redes sociales. No las infravaloremos. Aparte de ser empresas que cotizan en bolsa, son espacios donde poder y relaciones se mezclan de manera ingenua. Sin embargo, ejercen poder hasta el punto que las redes pueden incendiar una idea y pasar del mundo virtual al real. Cuestión de tiempo. Personal, social e institucionalmente. Y más si se coaligan con la inteligencia artificial y las programaciones y algoritmos de cada empresa. El mundo virtual es una construcción. Digo lo que quiero, expreso lo que me da la gana y busco generar en el seguidor o visitante una reacción concreta. Para bien o para mal.

Basta darse una vuelta para comprobar lo *happy* que es la gente en sus cuentas de Instagram. O lo polarizado que se muestra el consumidor de redes; alentado a su vez por el sesgo que imponen las redes al potenciar la violencia o los códigos de la cultura de la cancelación. Esto es peligroso porque limita la libertad y el progreso. Consecuentemente, cualquier persona puede ser tomada como rehén de la cultura de la cancelación. Porque la vida ni es tan feliz para las personas que pueblan las redes, ni estamos tan polarizados, ni solo somos como nos mostramos. Ni solo se piensa como se muestra.

En el otro lado de la moneda encontramos denuncias, planteamientos religiosos necesarios, miradas plurales y enriquecedoras. Que también hay que escribirlo. Por eso considero que el problema emerge cuando cogiendo una parte la elevamos a la categoría del todo con la consiguiente confrontación, decepción o percepción. Con el consiguiente aterrizaje traumático en forma de violencia, polarización o manipulación.

Un abrazo, Rafa.

CALUMNIA

Jesús lo dijo claramente:
quien habla mal del hermano y de la hermana,
quien calumnia al prójimo, es homicida,
asesina con la lengua.
PAPA FRANCISCO

Querido Teófilo:

La calumnia es directamente un arma de guerra muy cruel. Destruye de manera cruda y sigilosa.

Hace un tiempo alguien me contaba que si nos dedicásemos a romper un folio en trocitos, tirarlos al suelo y que el viento hiciera su función, sería extremadamente difícil recuperar todos los trozos de papel; cuanto más chicos, peor. Con la calumnia pasa algo similar. Por mucho que en un alarde de arrepentimiento deseáramos restituir la fama de una persona, sería prácticamente imposible; siempre hay algo que ya no recuperaremos.

¡Ay la calumnia! No sé si tú has vivido su zarpazo; quien te escribe, sí. Es doloroso. Y desequilibra. Porque hasta que todo se aclara, y no siempre es todo, sufres; y mucho. Sobre todo, cuando quien vierte la calumnia lo hace de manera sigilosa, estratégica e inteligentemente. No despreciemos ni infravaloremos esta arma diabólica que son las palabras vertidas con mala intención; esas informaciones que bajo un halo de verdad o justicia buscan destrozar.

Jesús de Nazaret afirma que no hace impuro al ser humano lo que viene de fuera, sino lo que sale de dentro; ahí se encuentra el criterio de discernimiento a la hora de juzgar lo que otros dicen o escriben. Además, hoy, con las redes sociales, todo se propaga como la pólvora. Confieso por escrito que, en alguna ocasión, he colaborado a hacer daño; sí, sin contrastar, me he dejado llevar por el chisme, por el cotilleo, por una información perjudicial para alguna persona. Me arrepiento. Sobre todo porque mi corazón en aquellos momentos no era limpio y consecuentemente estaba alejado de la pureza de intención, de la verdad y la libertad. Y es tan bonito vivir en el respeto a la verdad...

Tenemos que ser muy prudentes y respetar a todos y todo. Y estar atentos al mal para evitarlo. Quien respeta ubica en su lugar oportuno las cosas; y las personas. En la Iglesia, como en otros ámbitos, se sufre un día sí y otro también la crudeza de la calumnia; pero también contamos a diario con su vacuna: el amor por la verdad y el respeto. Y la máxima de una profesora de literatura que tuve, la señorita Pilar: "Si no puedes hablar bien, cállate". ¡Cómo cambiaría el mundo, amigo, si pensáramos bien aunque no acertáramos!

Recibe un abrazo, Rafa.

Querido amigo:

La calumnia es una pestilencia que la distingues, la conoces y se convive con ella hasta hacerla parte del paisaje. Puedes tenerla cerca y hacerla tuya por la complicidad del silencio, de la palabra que hiede o de la manipulación, propia de aquellos que tienen el propósito de convertirlo todo en calumnia.

Decir que la calumnia no existe es otra falacia más con la que convivir o no, pero sí podemos distinguirla, no hacerla nuestra y frenar ese perfume engañoso con el que se envuelven las mentiras para clausurar vidas, profesiones, amores, amistades, creencias o ideologías.

Sin duda, como dices, el respeto es la clave para todo esto, la manera decente de mirarnos a diario en esos espejos de los salones de la conciencia y de la memoria. Ayer y hoy no será posible, si no hacemos que el mañana se fortalezca con la esencia de mantenernos en vertical en esto que todos llamamos vida. ¡Qué honestas tus palabras al disculparte por haber sido cómplice también del esparcimiento de esas calumnias! Te honra.

Qué difícil soportar el peso en tus hombros de la estrategia ajena de la calumnia. Tal vez el peso es mayor en función de lo que yo llamo escaparate social de tu vida profesional o privada de cada uno de nosotros.

Teófilo, se antoja no dar la espalda a la historia de las calumnias. Conocerlas y saber de su espontáneo nacimiento puede vacunarnos a no expandir su contenido y su continente. Los filtros necesarios pasan por la verdad, la transparencia y, por supuesto, por huir de toda intención de calumniar por activa o por pasiva a persona, hecho o cosa.

La objetividad es la herramienta para combatirla. Ya sabemos que el manejo de los calumniadores a través de la manipulación anula cualquier objetividad posible. El acceso a una información veraz es imprescindible para que aprendamos por nuestros propios ojos a discernir entre calumnia y verdad.

Amigo, hagamos el esfuerzo para no dejarnos llevar por la ola de la facilidad de esas verborreas calumniosas, de esas *fake news* que todo lo mezclan en el caldero de la manipulación. La justicia es pura verdad y la verdad necesita justicia, sean cuales fueran los hechos o las verdades. No dejemos que un buen titular anule la realidad. Seamos cómplices de toda verdad.

¡Qué tengas una buena semana! Francisco.

INTELIGENCIA ARTIFICIAL

Los importantes avances realizados
en el campo de inteligencia artificial tienen
un impacto cada vez más profundo
en la actividad humana.

PAPA FRANCISCO

Querido Teófilo:

No tengo ganas, realmente no tengo ganas, pero debe hacerse. Quería hablarte de la inteligencia artificial. No sé si ya conoces el concepto.

Para comenzar, me parece una contradictio in terminis llamar a algo "inteligencia" para luego calificarla como "artificial". Creo que deberíamos replantearnos su conceptualización. Algo inteligente, a mi modo de ver, debe entenderse como natural, positivo y facilitador. Todo lo que queramos añadirle, como artificial, no me lo parece en ningún momento. Pero, una vez asumido que no puede hacerse nada a priori para cambiar ese nombre que lo titula, sí puedo hacer algo para prevenirme de ella. Siempre soy partidario del progreso, cualquiera que sea su fórmula, pero requiere pasos, protecciones y herramientas de adaptación para no dejar por el camino, a esta velocidad de vértigo, a miles de personas en sus vidas económicas y sociales, en general. Por lo tanto, debería existir una regulación que al milímetro fiscalizara cada uno de los millones de opciones que permite la inteligencia artificial.

Supongo, querido amigo Teófilo, que nunca te habías planteado que pudiéramos charlar sobre asuntos como que una entidad artificial pudiera diagnosticarte una enfermedad con mayor precisión que una persona, que se escribieran obras literarias de gran trascendencia frente a las obras universales de la literatura o que se emitiesen informes sobre la situación climatológica con la precisión que ya se está haciendo. Y así un sinfín de posibilidades que ya suceden y que nos dejan a la mayoría de los mortales boquiabiertos.

Por todo esto, la inteligencia artificial genera indefensión con sus capacidades infinitas de emular muchas tareas. Despierta la misma expectación que temor todo esto que te digo. Sin duda es un balcón al futuro y es la mano del hombre la que está ahí directamente en ese progreso, pero los trenes a tanta velocidad requieren vías específicas por las que desplazarse, como los transatlánticos en el océano. Creo que en esto también debe ir de la mano humana en lo ético, en la filosofía en ese comportamiento de lo digno, igualitario y justo. Espero que ninguna inteligencia artificial supla a Dios. Siempre se ha endiosado mucho el hombre cuando ha descubierto palancas de progreso. Este nuevo progreso debería ser un buen dedo de Dios.

Un fuerte abrazo, Francisco.

Querido amigo:

Coincido contigo tanto en los temores como en la percepción de que estamos ante un salto cualitativo en la historia de la humanidad. Todo un reto para quienes busquen el bien común.

Indudablemente la inteligencia artificial, más allá de lo apropiado del término, es un arma de doble filo que como tantos otros inventos nos ayudará, pero también nos desafía. Sobre todo porque ¿de dónde bebe la inteligencia artificial si no es de los datos que, a priori, tiene? Al fin y al cabo nos encontramos con un gran reto: evitar que la dictadura de la inteligencia artificial se imponga a través de programas que nos hagan la vida más fácil, en todas las direcciones. También la del pecado.

La inteligencia artificial, como todas las creaciones humanas, puede conducir a un enorme desarrollo, pero también a una tragedia enorme. ¿El motivo? De sobra lo sabes, amigo, puede ser clave a la hora de instaurar una dictadura tecnológica que trastorne la identidad humana. Es un tema serio. Inventemos una palabra, tal como algorética, para regular algo que se nos puede ir de las manos. De hecho, el Vaticano ha publicado un documento con claves éticas en la era de las tecnologías disruptivas.

Estamos ante una realidad compleja que a priori podría ser buena: puede conducir a un gran desarrollo, pero que también presenta grandes retos; por eso la Pontificia Academia para la Vida ha promovido el "Llamamiento de Roma por la ética de la IA", firmado, entre otros, por Microsoft, IBM y representantes del judaísmo y del islam.

Desgraciadamente la inteligencia artificial es una gran aliada a la hora de potenciar los conflictos bélicos o hacer daño directamente a menores de edad, por poner algunos ejemplos. Es una tecnología al alcance de cualquiera. De hecho en todo este panorama conviene recordar que el 96% de las creaciones deepfake son de contenido pornográfico y falta jurisprudencia clara para combatir este tipo de fraudes, aunque la UE esté trabajando en una ley reguladora. Recordemos que no solo se puede modificar la imagen sino también falsificar la voz y suplantar a una persona para que diga lo que queramos. ¿Imaginas al Papa diciendo que el aborto es una bendición del buen Dios? Pues igual que le pusieron al Papa Francisco un chubasquero blanco y era falso, también esto podría hacerse. Entramos en un terreno en el que la era de la postverdad queda en la prehistoria. Todo un reto para la humanidad y las actuales generaciones.

Te dejo, seguimos hablando en breve, Rafa.

La verdadera libertad
se expresa plenamente en la caridad.

PAPA FRANCISCO

Querido Teófilo:

En más de una ocasión hemos hablado de la libertad y no pocas veces nos hemos sentido decepcionados por el uso que hacen de ella algunas personas con las que compartimos raza e incluso ciudad. Otras, basta mirar fuera de nuestras fronteras. Tienen el mismo tipo de comportamiento: en nombre de la libertad se destruye, se pisotea, se desprecia; en nombre de la libertad hay quien se arroga el derecho a discriminar, a ningunear o a violar la dignidad humana. ¿A dónde llegaremos?

Según el historiador Alfred Weber, hermano de Max Weber, de los 3.400 años de historia de la humanidad que podemos datar documentalmente, en 3.166 hubo guerras. Los 234 restantes fueron de tregua y preparación para otras guerras. Todo un desastre. Salvo que nos centremos en la otra cara de la moneda: gracias al ejercicio de nuestra libertad, hemos progresado mucho y para bien. Lo cierto es que, si nos retrotraemos, desde la fe estamos ante un ejercicio de libertad creativa en el que se ofrece al ser humano, desde su creación, el uso de la libertad.

Visto así, se podría describir el cristianismo como una filosofía de libertad. Me gusta mucho la reflexión de Benedicto XVI sobre la libertad; aparte de parecerme fascinante, creo que es una síntesis extraordinaria sobre este tema: la libertad, junto a la consciencia y el amor, conforma la esencia del ser. Con la libertad hay imposibilidad de cálculo perfecto, por lo que el mundo nunca puede ser reducido a una lógica matemática. Pero sí a la del amor. Cuando se conjuga el amor a la verdad y al íntimo ejercicio de la libertad, a mi juicio, vamos por el camino adecuado. Y no te escribo de cosas que se quedan en filosofía o palabras bonitas, sino de realidades de andar por casa: cómo tratar a un enfermo, amar a tu pareja, comprender la vida y ser con otras personas. ¡Es tan bonito el cristianismo y toda la antropología teológica que de él se deriva y que encierra como un gran tesoro! Pero qué difícil es hincarle el diente y explicarlo..., tanto a las nuevas generaciones como a aquellos que por prejuicios o maneras de actuar de la Iglesia no entienden la propuesta cristiana, fieramente humana y plenamente liberadora.

Un abrazo, Rafa.

Querido amigo:

La libertad es ese gran tesoro que tantos desprecian, muchos persiguen y la mayoría no valora cuando la respira. Deberíamos hacer un gran ejercicio colectivo, sincero, para apreciarla. Reconozco que como dices la antropología teológica y el cristianismo son una llave de esperanza para entender la libertad como concepto actual del siglo XXI. Esa libertad es la mejor manera que conocemos hasta hoy de comprendernos, respetarnos y amarnos. Esa libertad pasa desapercibida para cualquier totalitarismo social, cultural, político y religioso.

La libertad no es hacer lo que nos dé la gana. Es, sin duda por lo que ya hemos aprendido, hacer lo que nos dé la gana dentro del marco de las leyes, acuerdos y estado de derecho que entre todos nos hemos dado después de muchos tropezones para que como humanidad sepamos convivir mejor. Nuestros credos, a veces, no garantizan que vivamos mejor entre nosotros, es ese estado de derecho que nos permite como individuos ser respetuosos con los credos ajenos, empezando por el nuestro propio.

Amigo, citas a la familia Weber y yo, sintiéndome arropado en lo que soy, cito a Federico García Lorca cuando dijo: "En la bandera de la libertad bordé el amor más grande de mi vida". La libertad es humana y, como dices en tus palabras, lo es porque es divina. Esta creencia nos hará profundizar a todos mucho más en el concepto libertad, siempre en los océanos del respeto, y a más libertad, más libertad... Así, sucesivamente, como una cadena infinita de favores, amor y vida. La teoría, estas palabras me llevan al optimismo, a la alegría de escribirlas con gozo. Pero, no soy un obtuso intelectualoide, quiero ser un hombre pleno y consciente de las innumerables limitaciones que tiene este concepto de libertad del que tú y yo hablamos.

Son tantos los ejemplos hasta la actualidad, desde lo inmenso a lo diminuto, donde el egoísmo apátrida, de individuos o colectivos, han derribado a cañonazos ese paraíso de libertad del que hablamos... Me queda la libertad del optimismo, a pesar de su paradójico concepto, él puede hacernos respirar también como dices en tus palabras hasta llegar a esta meta. Donde hemos sabido reconocer que el ascensor de libertad ha ido paso a paso en la humanidad haciéndose un hueco. Queda mucho por hacer, queda mucho por reivindicar queda mucha libertad por respirar.

Recibe un abrazo, Francisco.

PEQUEÑEZ

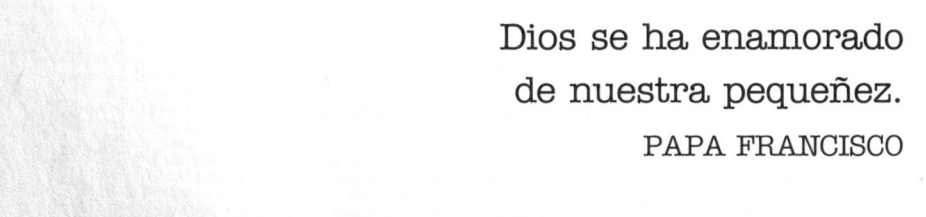

Dios se ha enamorado
de nuestra pequeñez.

PAPA FRANCISCO

Querido Teófilo:

Quizás empezar por lo pequeño ayude a entender mejor el viaje. ¿Qué será lo más pequeño para cada uno de nosotros?

Amigo, yo quisiera ser lo más pequeño en muchas ocasiones para compartir lo que para otras personas es lo más grande.

Me viene a la cabeza la anécdota de Lola Flores que dijo en una entrevista que cuando muriera quisiera convertirse en mosca en otra vida. Al ser tan pequeña podría estar en todos y muchos sitios a la vez.

Al margen de la existencia de otras vidas o no, quería escribirte estas palabras para abordar la importancia de temas en los que, dependiendo de la persona, nos detenemos antes o después. Con esto no quiero decir que lo tuyo sea menos importante que lo mío, solo que por el grosor de esa importancia lo coloco en primer o en segundo lugar y, así, sucesivamente.

Podría parecer *naíf* esto que digo, pero tiene una connotación muy importante para discernir en qué posición estamos respecto al amor, la vida, el compromiso, el espacio en la sociedad y, en general, en la naturaleza que le demos a cualquier asunto. Por supuesto, ni siquiera, estamos hablando del tamaño real de las cosas (no voy a reiterar y, menos en tu caso, la parábola de la semilla del árbol de mostaza que todos conocemos bien). Pero sí quiero detenerme en la posición individual de cada uno de nosotros con respecto a lo que consideramos pequeño o no en nuestras almas.

Teófilo, probablemente, y estoy convencido de ello, todos tendremos nuestro propio orden de predilección a la hora de considerar la pequeñez en la importancia de lo que o de los que nos rodean. Mi código será distinto al de otra persona, y además no será estático, sino que en el camino irá variando con la fuerza que todo lo varía la marea. Ni en esta carta ni en ninguna otra, he querido dar lecciones o mostrarme hierático, solo he querido hablarte con la confianza que dos amigos de siempre se han podido tratar. No olvido, por supuesto, el carácter que tu amistad y cercanía me regalan al ser puente de otras amistades que, al menos, se pueden calificar como excepcionales. Mi pequeñez es tan ingente que creo que no hallo palabras suficientes para que contengan el tamaño de lo que siento.

Quedo a la espera de tu reflexión. Francisco.

Querido amigo:

Escribe Benedicto XVI que en la historia de todo lo que tiene vida, los comienzos de las novedades son pequeños, casi invisibles; pueden pasar desapercibidos, pero llevan en sí la potencialidad infinita de Dios.

Sin ir muy lejos, desde el punto de vista de la historia del mundo, la resurrección de Jesús es poco llamativa; sin embargo, la resurrección, aquello que en secreto todo la estaba esperando, es determinante para entender la historia desde la fe. Con la vida pasa igual. Hay comienzos casi invisibles, pienso en la unión de los amantes, que pudiendo pasar desapercibidos, llevan en sí la potencialidad creadora.

Es verdad que lo pequeño es lo asumible, lo asequible; a lo que podemos aspirar. Pero contiene en sí, la potencialidad del amor. Sí. Quizá por eso Jesús de Nazaret afirmó que quien es fiel en lo poco luego lo es en lo mucho. Y quizá por eso me gusta cuidar los detalles, atender lo concreto, valorar una mirada. ¿El motivo? Porque en lo pequeño se descubren cosas muy grandes y porque desde la pequeñez se crece sólida y confiadamente. A la vida, a nuestras vidas, me remito y a aquello de lo que estamos orgullosos: una familia, unos amigos, unos proyectos, una vocación, un sueño, un trabajo... Todo comenzó como algo sencillo. Pero cuánta grandeza alberga lo sencillo, la pequeñez.

Ahí tenemos todo un reto, porque a veces, casi inconscientemente, despreciamos lo pequeño, lo que no es válido a los ojos del mundo y, sin embargo, allí también está Dios. Basta darse una vuelta por el Evangelio y descubrir cómo Dios entró al mundo por la puerta de la pobreza, de la pequeñez, gracias a la actitud de una *anawin*, de una gran mujer que lo esperó todo, sencillamente, de Dios.

Recibe un fuerte abrazo, Rafa.

SENCILLEZ

Necesitamos de la sencillez
para alcanzar la felicidad.

PAPA FRANCISCO

Querido Teófilo:

Tenemos tantas cosas con las que compartir la vida y con las que vivir bien que sorprende que todavía no sepamos elegir bien. Con lo sencillo que, en principio, es elegir. Y digo bien: en principio. Porque intuitivamente sabemos qué necesitamos, lo que nos hace bien. Volvamos a nuestra infancia con la madurez y sensibilidad adquirida: todo lo bello contiene sencillez; todo lo que necesitamos lo sabemos.

Sin embargo, la evidencia a veces tumba. Hay quien prefiere cosas que hacen daño. Olvidó que la vida no busca más fin que hacernos simples, que no simplones, alimentados por el amor. Como la vida es una continua sucesión de decisiones, tenemos que vivirla como tal; de hecho, desde que nos levantamos ya estamos decidiendo: si rezamos o no; qué desayunamos; qué compramos para comer... si aceptamos una cita, si cambiamos de trabajo, si nos duchamos o lo dejamos para más tarde...

Son tantas cosas con las que lidiar que hay una clave que ayuda en esto de vivir y decidir. Se encuentra en una sentencia de Jesús de Nazaret: "Quien es fiel en lo poco, también lo es en lo mucho". Es decir, la fidelidad en lo pequeño, también del ser, fortalece en el camino emprendido al saber quiénes somos y qué pretendemos en la vida. Es fundamental. Sí, quizá se trate de saber quiénes somos y buscar la forma de crecer en lo que somos. Paso a paso. Poco a poco. Es tan simple como saber qué pretendemos en la vida e ir a por todas.

Querido Teófilo, en todos los ámbitos tenemos que elegir. Pero para que las elecciones no se conviertan en un calvario conviene vivirlas desde la naturalidad, la serenidad y el hábito. Desde la simplicidad. Incorporándolas a la dinámica de nuestra vida; por objetivos, por pasos pequeños, por situaciones previstas. Valorando lo pequeño. La pequeñez. Quizá luego ya se encargará la vida de desbaratarlo todo, pero eso será otro capítulo que, por cierto, será fácil de abordar si tenemos los raíles de la vía bien colocados; salvo que un bombardeo los destroce y entonces tengamos que volver a ponerlos, que todo puede pasar. De hecho, en la vida del creyente ocurre con facilidad: las cosas que se pretenden están claras; alcanzarlas, no tanto. Por eso me gusta recurrir a una frase de san Pablo, referida a la fuerza de Dios y nuestra debilidad, que es alentadora: "Te basta mi gracia, la fuerza se pone de manifiesto en la debilidad." Me gusta. Tranquiliza.

Espero tu respuesta, Rafa.

Querido amigo:

No puedo encontrar más sintonía en tus palabras con las que yo pudiera escribir o expresar. Creo fervientemente en la sencillez de la vida. Nunca en lo simple o lo naíf porque en ello hallo mucha diferencia. Puede haber cosas pequeñas o sencillas que nos hacen gigantes o son gigantes per se. Sin embargo, hay infinidad de cosas que son minúsculas por la conciencia en sí de ellas. La importancia se la da uno mismo, en relación al camino tomado o a la decisión alumbrada. Pero no está de más recordar, una y mil veces, que esos caminos elegidos nos hacen perdurar como personas en esta luz debida. Por eso te reitero que me encanta leerte y hallarme en esas líneas que me envías. La complicidad, a veces, entre personas y sus discursos vitales allana lo andado y lo que esté por andar, y eso que puede parecer una evidencia hay que recordarlo permanentemente.

Estas mismas cartas conversacionales que mantenemos como un hilo abierto de comunicación son algo muy sencillo, pero que nos lleva a términos gigantes y a la maceración del pensamiento como si fuera un buen alimento natural. No desdeñarlo resulta de gente sabia, quizás no rica, que es donde reside lo simple o enjuto. Soy rico gracias a estas palabras, rico de esas riquezas que realmente disfruto. Con esto, no hay paroxismo de lo material, tan necesario como cualquier otro elemento básico para la vida terrenal. Hago aclamación del espíritu para que me torne alegre y complaciente por todo lo que esté por venir y todo lo que ya haya vivido.

Querido amigo, como siempre, un lujo compartir contigo estos ratos de escritura y reflexión. Recibe un fortísimo abrazo de este que te admira, Francisco.

NATURALEZA

No somos Dios.
La tierra nos precede
y nos ha sido dada.

PAPA FRANCISCO

Querido Teófilo:

La naturaleza debe parecerse mucho al paseo de una memoria infante entre almendros en flor. Cerrar los ojos y entender que la luz de uno de esos recuerdos es más importante que un detalle. El medio ambiente no debe ser un lugar común secuestrado por palabras vacuas, incesantes corrientes que nos empujan en dialécticas en pro de otros intereses.

Tengamos muy claro que nuestra casa común es el escenario real por el que respiramos, discurren los ríos y nadamos en sus mares. Entendamos que, aunque quieras debatir sobre quién nos ha regalado ese legado, no cabe duda de que es el legado que hay que cuidar, proteger y preservar hoy para entregarlo igual que nos fue entregado.

Amar el medio ambiente puede ser amar a Dios, pero también es amar a tus iguales cuando reciclas, cuando no derrochas recursos hídricos o energéticos o acometes nuevas acciones para compensar los daños a la naturaleza que han hecho las generaciones precedentes, fueran cuales fueran sus causas o razones. Nada importa si dejo la casa más habitable para el siguiente inquilino a mí. Lo racional sobre el devastador prejuicio que el hombre, como humanidad, ha infringido al planeta no tiene opción basada en la razón y la observancia científica que ampare negacionismo alguno. Es mucho más divino, a mi parecer, querido Teófilo, reconocer la imperfección humana y sus errores para separar, compensar y encauzar.

Hemos caminado mucho y dejado huellas y heridas en el camino. Lo primero, a sabiendas de que hay que seguir caminando, es detener el destrozo; y lo siguiente, reparar paulatinamente todo daño ocasionado.

Amigo, no quiero cargar con todo lo sucedido, pero sí hacerme responsable de finiquitar la injerencia negativa del ser humano en el clima y sembrar grano a grano el campo de cultivo de la reparación.

Recibe un abrazo de tu amigo, Francisco.

Querido amigo:

Leyéndote recordaba las palabras de la carta que el jefe indio Noah Sealth envió al presidente de Estados Unidos en defensa del planeta Tierra en 1854. Y, aunque hay investigaciones que indican que esa carta en realidad fue escrita por Tedd Perry, profesor de cine de la Universidad de Texas, la misiva dice cosas muy interesantes. Entre otras, que la tierra no pertenece al hombre; el hombre pertenece a la tierra. Y es así, es una verdad tan grande que, si no la asumimos pronto, experimentaremos consecuencias muy desagradables. Ya en el relato del Génesis, desde la fe, se descubre que Dios entrega la creación al hombre para su gestión. Pero vaya con la gestión que hemos hecho durante siglos... Ya de por sí la naturaleza tiene su ritmo, muchas veces catártico, al que nosotros, por si fuera poco, le hemos impreso una velocidad arriesgada.

El medio ambiente es un lugar común, en el sentido de que es el espacio donde somos, nos movemos y existimos. Todo discurre en el medio, en el ambiente. Quizá tú sepas más de la deriva que ha tomado la palabra ambiente, pero sin duda conoces su etimología, ¡me gusta tanto recurrir al origen de las palabras! Se refiere a lo que abarca el entorno, a lo que rodea. Pues eso, estamos rodeados, abrazados por la naturaleza y eso es tan bonito... De todas formas, a pesar de la dispersión propiciada por las redes sociales, confío que quienes tienen capacidad de tomar decisiones acierten a la hora de revertir la dirección suicida a la que encaminamos la naturaleza. Algo se ha hecho ya con la capa de ozono. En este mientras tanto seguiré ahorrando agua, intentando reciclar y amando la creación, incluida esa gente que nos hace daño con sus comportamientos miserables y egoístas descuidando la creación. Porque amar es el único camino de la conversión, también ecológica.

Otro abrazo para ti, Rafa.

ESPERANZA

La esperanza sorprende y abre horizontes,
nos hace soñar lo inimaginable y lo realiza.

PAPA FRANCISCO

Querido Teófilo:

Estamos faltos de esperanza. No sé si es porque no esperamos nada, porque no sabemos qué esperar o en quién esperar. Y de sobra sabes que, en parte, vivimos dependiendo de cómo afrontamos el futuro, de la ración de esperanza con la que afrontamos la vida. De hecho, la desesperanza bloquea zonas de nuestro cerebro. Impide ver soluciones. Es más, disminuye el riego sanguíneo en zonas cerebrales básicas para la resolución de problemas. Con eso te lo digo todo. Por eso me preocupa que existan profetas contagiosos de la desesperanza. Es un virus mortal. Y además los descubres en todos los ámbitos sociales, políticos, culturales; religiosos, educativos, legislativos... Y por supuesto a nivel personal.

Tengo que confesarte algo: no me hace gracia la gente que en su biografía se jacta de ser gris o negativa; que aparece en sus fotos con rostro desafiante. Prefiero la gente que sonríe y que ve el futuro con esperanza, aunque haya quien sospeche de la buena vida. Tengo la sensación de que vivimos como si tuviéramos un serio interrogante sobre el futuro y no esperásemos nada. O directamente no sintamos ninguna simpatía por la esperanza. Sabes que Nietzsche la definió como virtud de los débiles. Quizá olvidó que esta virtud teologal fortalece y es llave de progreso y paz interior. Sí, querido Teófilo, la esperanza es virtud teologal. Y ahí quizá resida el motivo de la escasa esperanza que algunas personas experimentan en sus vidas; al menos la razón de una esperanza sólida.

La falta de espiritualidad conduce inevitablemente al estricto inmanentismo, la nula trascendencia que otorgamos a la vida aboca al materialismo; la poca experiencia de Dios, a la inseguridad última. De hecho, la frágil lectura creyente de la realidad obedece a una tímida apertura a la experiencia de fe. Sin embargo, estoy convencido de que la esperanza es necesaria para vivir y sobrevivir en este escenario convulso en el que convertimos a diario el mundo. También las casas y los barrios; los trabajos y la propia naturaleza. No sé tú, pero yo veo la vida y el futuro con esperanza. Si me preguntas el motivo: creo en Dios y en las personas, especialmente en las buenas personas. Que somos muchas. Gentes como tú y yo. Personas que cultivamos la esperanza sin ingenuidad.

Hasta la próxima, amigo. Rafa.

Querido amigo:

Siento situarme en el lado opuesto. Sí, creo en la esperanza, creo fervientemente en que es uno de los motores más poderosos de la vida en cualquiera de sus manifestaciones. Y no porque caiga en un enfermizo optimismo o buenismo, sino porque creo que aunque fuese la más mísera de las opciones que persiga cualquier persona, siempre halla en la esperanza el objetivo de conseguirlo, de tocar y hacer suya esa meta.

La esperanza, creo, es mucho más que un título, una palabra o un eslogan; es la más intrínseca manera de sentirme humano y por ende más cercano a Dios. La esperanza es la manifestación más genuina en la que cualquier persona pueda acariciar la divinidad, aunque no esté especialmente destinada para ese ser. Otra cosa muy distinta, a mi modo de ver, es que la esperanza la confundamos con el hecho en sí, con la no consecución de la meta, del propósito que guía esa esperanza. Entonces es probable que estemos hablando de frustración, de caída de brazos, de ninguneo como personas más allá del aliento que despierta la esperanza en cualquiera de nosotros.

No quiero establecer paradigmas, ni máximas y, mucho menos, verdades absolutas de lo humano, pero sin duda observo esperanza en cualquier rasgo vital de lo que la vida es. Nadie desprecia la esperanza de ser amado, aunque el fracaso guíe sus sentimientos. Nadie deja a un lado la esperanza de una mejor salud cuando la enfermedad le acucia. Nadie esconde la esperanza de un día soleado si la lluvia le empape los pies o le haya calado hasta los huesos. La desesperanza es la muerte, la pérdida, el no de todas las cosas. Pero no me cabe duda alguna de que, a pesar de todas esas acepciones tremendas, a todas las ha precedido la esperanza como hálito de vida.

Por lo tanto, comparto que ambos somos testigos de esperanza pero, a pesar de los desalientos y tragedias en los ojos de muchas personas, no olvido ni desdeño que antes siempre hubo esperanza en esos mismos ojos.

Recibe un fuerte abrazo, Francisco.

NIÑEZ

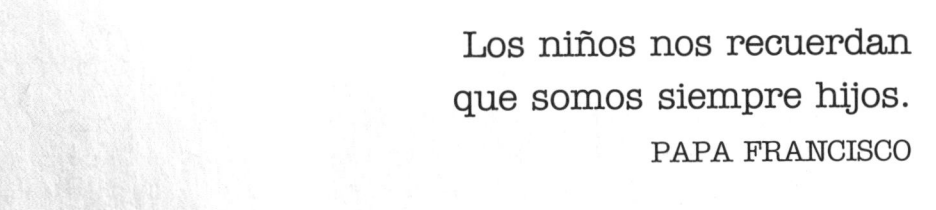

Los niños nos recuerdan
que somos siempre hijos.

PAPA FRANCISCO

Querido Teófilo:

Nada sería sin las miradas de esos tiempos, sin los ojos de quienes me cuidaron, me educaron y me guiaron con la mano tendida y nunca con la mano agarrada. Me dejaron dar los primeros pasos con la libertad medida de quien te ama, y desea lo mejor en un mundo nuevo que, permanentemente varía a una velocidad inusitada hasta estos tiempos. Querido Teófilo, fui y soy un privilegiado por aquellos hechos y por estos recuerdos. Esos abrazos, esos apoyos y en esa confianza depositada en mí, desde el respeto y el amor, hicieron hoy el hombre que soy. La persona requiere de esas miradas en su edad más tierna para que los cestos de esos mimbres salgan lo más recios posibles.

Esa gacela, a veces torpe e impetuosa que es toda juventud, no ceja en su empeño de torcer voluntades y transformar todo lo que acaricia. Luego, macera los sabores y deja reposar los cambios para crecer en la justa medida que la vida, poco a poco, va permitiendo. Esto que pudiera parecer poético puede ser una definición casi perfecta, querido Teófilo, de todo lo que queramos arrimar a estas palabras: la ciencia, la filosofía, las creencias, el apetito... Todos somos jóvenes en algún momento de nuestras vidas, y, a veces, no solo es una cuestión de edad física, también lo es de edad moral.

Teófilo, volviendo a mi niñez, fui un niño feliz. Todos como personas deberíamos tener la obligación de procurar la felicidad de toda niñez. No debería existir escaramuza alguna para que esto no sucediera. Nunca deberíamos permitir que corazones inocentes desde su niñez sufrieran las atrocidades de ningún totalitarismo, se llame como se llame.

A veces, Teófilo, me avergüenzo de pertenecer a este club en el que otros socios hieren con ferocidad a todo eso que llamamos niñez con el agravante de que se hieren y matan a niños protagonistas de esa niñez. Difícil digerir esta realidad que estrangula conciencias desde este lado. Es como una gran tiña que todo lo ocupa, parece que no queremos aprender y que tanto inocente no importa. Siempre hay otras vidas, otras posibilidades para todo desde la conciencia del amor al prójimo. Ya sabes, que ni confío en el buenismo ni lo predico, pero debería ser asignatura obligatoria esta de la empatía para que nos dieran el carné de humanos. Una selectividad, como para los que hicimos el C.O.U. para que nos concedan el título del raciocinio humano, casi ni pido corazón.

Recibe un abrazo en espera de tu respuesta, Francisco.

Querido amigo:

No sabes lo que me alegra que hayas vivido y recuerdes una infancia feliz. Conozco demasiados niños y niñas que viven un verdadero infierno. Sin afecto, sin padres que los acompañen en sus graduaciones, sin atención; sin alimentación, sin familia que los lleve al médico, con abusos de autoridad y de todo tipo. Sí, quienes vivimos cerca de donde se cuece la vida, sabemos que eso ocurre con cierta frecuencia. Sabemos que no todos los niños crecen como deseas, como deseamos, felices. ¡Con lo que esto llega a poder significar! Porque además influye no solo en sus vidas, sino también en el futuro de nuestras sociedades, en nuestras relaciones vecinales y, por supuesto, en la configuración de toda una generación.

Igual soy muy bruto; bueno, lo soy: hay gente que no merece el nombre de padres o madres. Sí, porque, aunque biológicamente lo sean, el trato que han dado a su prole es indignante. Cuánto sufrimiento ahorraríamos si nos pensáramos esto de la moral católica que pide una paternidad responsable y amorosa. Sí, porque la responsabilidad y el amor son determinantes a la hora de educar a nuestra infancia. Y la autoridad. Que no el autoritarismo.

En fin, que nos queda camino por recorrer en muchos casos... Mientras tanto, doy gracias a Dios porque hay mucha labor de la Iglesia Católica, que conozco de primera mano, que están volcados en la infancia y juventud, sin ir muy lejos los Misioneros de la Esperanza o las tareas de las catequesis de infancia en nuestras parroquias, por ponerte algunos ejemplos. Labor que, en no pocos casos, y especialmente en algunos, ayuda mucho a que nuestros niños y niñas vivan una niñez un poco más feliz y emocionalmente estable. ¡Es tan importante que los peques se sientan queridos y valorados! En este mientras tanto, me quedo con el cariño de tantos niños y niñas que cuando te ven te saludan por el barrio por el nombre o con un ¡hola, cura! Sí, es la mejor señal de que en nuestras parroquias estamos haciendo las cosas bien.

Un fuerte abrazo, Rafa.

EPÍLOGO

UNA CONVERSACIÓN DE ALMA A ALMA

Lo que acabas de leer en estas páginas es un acontecimiento nada habitual en un tiempo marcado por la aceleración del ritmo vital, la agudización del individualismo, la ceguera colectiva (aquí sí impera el peso de la comunidad) ante el sufrimiento del semejante y la incapacidad que ya nos amenaza cada vez más para discernir qué es o no real.

Lo que acabas de leer es, ni más ni menos, que una conversación. ¡Y, ojo, una conversación de alma a alma, con los abismos espirituales abiertos en canal! No, no es una tertulia en la que los monólogos de los *todólogos* tiran de argumentario preconcebido y ni escuchan al otro. No son ponencias contrapuestas marcadas por un academicismo que solo nutre el ego y no trata de mejorar con el corazón en la mano al hombre de esta hora.

Rafael Pérez Pallarés y Francisco Quintero se donan a sí mismos para regalarte una muestra de lo que son. Y, como vidas encarnadas y en un instante biográfico concreto, son lo que son *ahora*. Es su fotografía vital actual. Son lo que piensan y sienten hoy. Si escribieran estas cartas a Teófilo, a todos los "amigos de Dios", dentro de veinte años, serían distintas, pues ellos tendrían acentos y experiencias diferentes.

Nutre que este diálogo de alma a alma se dé entre personas con caminares propios. El primero es un sacerdote que se nos muestra con un corazón abierto y aterrizado en el día a día concreto de sus hermanos, alejado de las teorías desencarnadas y siempre dispuesto a entender y respetar al otro. El segundo es un laico que, se intuye, es alguien a quien a veces le duelen ciertas actitudes intransigentes que siguen marcando el paso en muchos ámbitos eclesiales. Pero no se deja atrapar por ese pesimismo y ofrece lo mejor de sí mismo en una búsqueda sincera, valiente, audaz y honda de Dios.

Gracias a este caudal de vida, emergen frases como estas al hablar, por ejemplo, sobre la santidad: "No se puede ser buen cristiano si eres mala persona". O "la vida debe entenderse como santa en cualquiera de las miradas de una madre". Pero es que se abordan muchísimos otros temas que nutren nuestra profundidad humana. Como la cruz ("la gente busca verdad, también en las conversaciones"), la cultura ("mi pasión por ella no puede ser ejemplo para nadie, pero sí quiero que sea un espejo"... o "sin cultura no hay santidad"), la reconciliación ("se perdona poquito"... o "soy mi peor juez"), la verdad ("la vida y sus designios ya se encargarán de que no puedas y debas permanecer permanentemente instalado en los designios de la noche") o el miedo ("todos tenemos un fondo incandescente que nos indica, con seguridad, si somos fieles a nuestra conciencia, los caminos que transitar").

También aparecen otras grandes cuestiones que no se sitúan tan en el meollo de nuestro espíritu, pero que sí son grandes retos para este en nuestro tiempo: las redes sociales, la inteligencia artificial, el racismo... En todas ellas traslucen píldoras de una sabiduría sencilla, buena y fraterna. Como esta pincelada de Benedicto XVI al reflexionar sobre la pequeñez: "En la historia de todo lo que tiene vida, los comienzos de las novedades son pequeños, casi invisibles; pueden pasar desapercibidos. Pero llevan en sí la potencialidad infinita de Dios".

Ahora, el colofón del libro es tuyo. Para ti. Se ofrecen unas páginas en blanco para que, si así lo deseas, escribas lo que te brota del alma. Puedes recuperar algunas frases que te han prendido en las entrañas, ofrecer tus propias reflexiones o, quién sabe, asetear este espacio virgen con un alud de preguntas. Y es que, cuando un libro nos ha marcado, suele dejar muchas más preguntas que respuestas. Que así sea.

MIGUEL ÁNGEL MALAVIA

APUNTES
DEL LECTOR

Santidad

Hay mucha gente anónima santa que vive desde el amor.

Cruz

La vida tiene muchas cruces, algunas de madera otras de plata o de oro, pero cruces.

Cultura

La cultura es una llave mágica que abre todas las cerraduras, también la de las creencias.

Reconciliación

Hay que tener paciencia con uno mismo y, a veces, reconciliarse frente al espejo propio y ajeno.

Racismo

Lo más importante es no propiciar dolor y superar el sufrimiento
con manos tendidas y reparadoras de todo lo acaecido.

Verdad

Vivir en la verdad supone vivir en libertad y desde el amor.

Miedos

Confiar es una buena manera de entender el amor
y la valentía que conlleva.

Enfermedad

La queja puede ser otra manera de crecer.
Oírme en esa queja me aleja de ella en muchas ocasiones.

Redes Sociales

Las redes sociales son esos muros etéreos de conversación común donde todos se encuentran y muchos se pierden.

Calumnia

Si no puedes hablar bien, cállate.

Inteligencia artificial

La inteligencia artificial es un arma de doble filo que nos ayuda y nos desafía.

Libertad

La libertad es la mejor manera que conocemos hasta hoy de comprendernos, respetarnos y amarnos.

Pequeñez

Dios se ha enamorado de nuestra pequeñez.

Sencillez

Puede haber cosas pequeñas o sencillas que nos hacen gigantes o son gigantes *per se.*

Naturaleza

Amar el medio ambiente puede ser amar a dios, pero también es amar a tus iguales.

Esperanza

La esperanza es llave de progreso y paz interior.

Niñez

Los niños nos recuerdan que somos siempre hijos.